ASPIRA A LA EXCELENCIA

Este libro provee de importantes puntos de referencia en el camino de un hombre joven para tomar buenas decisiones

Los jóvenes no nacen con éxito, se desarrollan siendo conscientes de quiénes son y tomando buenas decisiones cuando se presenta la situación.

Yvette Long

Aspira a la excelencia.
Copyright 2013 Yvette Long
Todos los derechos
reservados

ISBN: 0615983243

Publicado por ASPIRE
www.aspireexcellence.com

Tabla de contenidos

> *"El deseo es la clave de la motivación, pero es la determinación y la devoción a una búsqueda incesante de tu objetivo -- una devoción a la excelencia -- lo que te permitirá obtener el éxito que buscas."*
>
> *-Mario Andretti*

Introducción

*"La diferencia entre una persona con éxito
y el resto no es una falta de fuerza, ni una
falta de conocimiento, sino más bien una
falta de voluntad."*

— Vincent T. Lombardi

Ser un joven con éxito no es algo con lo que nazcas;
se desarrolla siendo consciente de quién eres y
tomando buenas decisiones cuando se presenta la
situación.

Aspira a la excelencia provee de ayuda en el camino
para convertirse en un joven con autoconfianza, así
como en un excelente comunicador. La información
que aquí se provee debe ser expandida y personalizada
para cada caso durante de las sesiones individuales
que ofrece Yvette Long a través de ASPIRE, la cual es
descrita con más detalle en la contraportada del libro.

Este libro toca muchos de los temas y desafíos a los
que puedes enfrentarte a lo largo de la adolescencia.
Da una guía que no sólo te permitirá llegar a la
cúspide, sino también mantenerte en ella. Esta es tu

vida, y cuando te enfrentes a la competencia, dicha competencia sólo querrá verte o fuera de la competición, o como un objetivo fácil de abatir.

Con profunda reflexión y trabajo duro estarás en el camino de aspirar a la excelencia. Este libro te convertirá en una persona mejor y más educada. Ofrece auténtica educación, basada en hechos verídicos y consabidos, en lugar de información desfasada, irrelevante o simplemente equivocada.

Una ayuda: si quieres discutir alguno de los temas de este libro con más profundidad conmigo, por favor ponte en contacto. Encontrarás la información necesaria en la cubierta interior.

SUCCESS

Capítulo Uno:

Los estudios

"No hay secretos para el éxito.
Es el resultado de la preparación, el trabajo duro,
y aprender de los errores."

-Colin Powell

Técnicas en una entrevista de trabajo

V as a ir a una entrevista de trabajo. Tu objetivo es impresionar a tu potencial empleador, presentarte a ti y a tus habilidades de la mejor manera posible, y convencer a dicho empleador de que te contrate.

Algunas cosas que nunca, jamás debes hacer en una entrevista:

- Llegar bajo los efectos del alcohol o alguna otra sustancia.

- Hacer preguntas

- personales a tu entrevistador/a.

- Tú eres el entrevistado - no él o ella - y tu objetivo es hacer que tu entrevistador/a se sienta lo más cómodo/a posible contigo.

- Culpar al entrevistador/a si no consigues el trabajo. El entrevistador/a quizá no sea quien tome la decisión final. Desarrollar un buen *feeling* en el momento es un paso importante hacia tu objetivo.

- Traer a un bebé, niño, hermano, hermana o padre (a menos que necesites un conductor/a). Haz que un amigo cuide a los más pequeños, o contrata a un/a niñero/a.

- Comprobar tus mensajes durante la entrevista. Toda tu atención debería estar enfocada en responder preguntas de tu potencial empleador.

- Mascar goma, tabaco, morderte el labio, etc. Da una buena impresión. No seas una distracción.

- Fumar. Los fumadores componen sólo un 18% de la sociedad estadounidense. Además, fumar está prohibido en muchos edificios hoy día.

- No enciendas tu teléfono por ninguna razón. Sin excusas.

> **Algunas cosas que los jóvenes deberían hacer en una entrevista para causar una buena primera impresión:**

- Llevar un traje limpio y una corbata acompañados de una camisa blanca con cuello y zapatos pulidos. Mientras que es normal que la gente no consiga un trabajo por no ir adecuadamente vestidos, es bastante raro que alguien no lo consiga por ir con traje y corbata. Las camisas azules o con motivos están de moda en los espacios de trabajo a día de hoy, pero es mejor usarlas cuando te hayan contratado.

- Péinate adecuadamente y ve bien afeitado (o con un bigote o barba bien cuidados).

- Da un fuerte y firme apretón de manos cuando te

- presentes, así como una sonrisa agradable.

- Responde a las preguntas con la verdad y lo mejor que sepas, pero concéntrate en el trabajo, tus habilidades, y cualquier conocimiento que tengas de la compañía (la cual deberías haber investigado antes, si quieres maximizar tus oportunidades).

- Responde a las preguntas con claridad y establece de cuando en cuando contacto visual. El entrevistador/a no es tu amigo, no es una potencial cita, sino alguien que no quieres que se sienta incómodo de ninguna manera.

- Muestra interés - en la compañía, en las preguntas, y en la conversación.

- Agradece al entrevistador/a su tiempo al final de la entrevista. Pregúntale cuánto tiempo tardarán, aproximadamente, en tomar una decisión, y si deberías esperar a oír de ellos o llamarles tú. En este caso, en cuánto tiempo.

"Tener éxito requiere confianza, fe, sinceridad y claridad. Y más que nada, tienes que creer en ti mismo. Tienes la habilidad de coger un pensamiento negativo y convertirlo en positivo."

—Brenda Lane-Oliver

Establecer tus metas

Los jóvenes se enfrentan a oleadas constantes de desafíos a partir de la preadolescencia. El apoyo y la dirección en la transición de la niñez a la adultez pueden ser muy beneficiosos. Aunque proyecten seguridad y autoconfianza, en lo profundo suelen carecer de sentido de la orientación. Una de las mejores formas de ayudar a ponerse en el buen camino académico es mediante objetivos. Piensa acerca de lo que quieres obtener de tu educación, y ponte metas para lograrlo. Una de las mejores herramientas es el sistema de objetivos EMPAI (SMART en inglés). Quizá hayas oído hablar de él, así que veámoslo.

E ESPECÍFICO

M MENSURABLE Y CON SIGNIFICADO

P PUNTUAL Y ENFOCADO A LO QUE QUIERES

A ALCANZABLE

I IMPORTANTE Y REALISTA

ESPECÍFICO:

Tu objetivo no debe ser general, como "quiero tener mejores notas".

En su lugar, "quiero conseguir una A en Biología." Sé tan detallado como sea posible.

MENSURABLE Y CON SIGNIFICADO:

Ponte un objetivo que puedas medir, que sepas cuándo se ha logrado. "Quiero un trabajo o una A en Matemáticas". Por ejemplo, puedes ver que has logrado tu objetivo cuando tengas un trabajo, o cuando veas la "A" en tu informe. El objetivo debe ser tu éxito, y debe ser autoconseguible (es decir, debes poder lograrlo tú solo). El resultado debe ser algo que puedas influenciar directamente.

PUNTUAL Y ENFOCADO A LO QUE QUIERES:

Decide el tiempo específico en el que te gustaría ver completado tu objetivo. Puedes incluso imponerte una fecha, como el 15 de Mayo. Los objetivos deben ser declarados de forma positiva. Evita "No quiero ser el último al que seleccionen este año". Debes proclamar lo que quieres, no lo que no quieres. *"Seré el primero en ser seleccionado para el equipo este año"*.

ALCANZABLE:

Algo que pueda hacerse ahora. Decláralos como inmediatos. Los objetivos no pueden estar fuera del alcance o no te dedicarás a trabajar en ellos. El objetivo de perder 20 libras en una semana quizá sea poco alcanzable, pero perder una por semana sí que lo es. Declararlos como inmediatos te permite empezar a imaginar lograrlos, y aclarará los resultados específicos que buscas. *"Perderé una libra cada semana hasta que alcance mi peso ideal"*.

Además, si te imaginas que estás ahí llegado el momento, puedes compararlos con tus propios valores y asegurarte de que el objetivo es apto para ti.

IMPORTANTE Y REALISTA:

Tiene que poder hacerse. Tu objetivo es realista si de verdad crees que tienes las habilidades y la destreza necesarias para conseguirlo. Además debe ser importante. Comprueba que te beneficiará en todos los aspectos de tu vida. No conseguirás un objetivo si te genera un conflicto interno.

Ahora que has escrito tus objetivos, imagínalos en tu mente. Como una criatura de costumbres, te acabarás encontrando que vuelves a tus antiguos hábitos, así que usa "imágenes mentales" para visualizar la consecución de tus objetivos. Estas imágenes te mantendrán avanzando para conseguirlos. Voy a pedirte que apuntes tus progresos: Conviértete en un observador de tu vida, y cada día apunta tus observaciones y cualquier comportamiento nuevo en ti. Anota tu progreso cada día y cada semana - cómo te mueves hacia tu objetivo. En la tercera semana, empieza a apuntar al menos una cosa que te haya hecho feliz o que te haya movido más cerca de tu objetivo.

MIS OBJETIVOS

¿Cómo alcanzas tus metas? Se empieza por hacerte pequeñas promesas a ti mismo - y manteniéndolas.

Escribes tu objetivo y luego trabajas para conseguirlo. A medida que completas estas tareas, serás capaz de crear una integridad interna que te dará el sentido de autocontrol, el valor y la fuerza necesarias para aceptar más responsabilidades en tu vida.

El objetivo es usar tu creatividad y tu imaginación - y no agarrarte a tu pasado - para convertirte en el creador de la persona que quieres que el resto recuerde.

> Puedes comenzar el viaje para convertirte en esa persona hoy.

El objetivo es empezar cada día con estos valores en mente. Cuando los desafíos lleguen, podrás actuar con integridad, en lugar de reaccionar a la emoción o a la circunstancia. Crea una lista personal de cómo te gusta vivir tu vida - un credo que seguir.

Tus objetivos están basados en resultados.

Te ayudarán a determinar dónde estás y guiarte hacia dónde quieres estar. Te darán información importante y te ayudarán a decidir cuándo has completado tu objetivo. Tus actividades diarias se convertirán en la consecución de tus objetivos, así que sé proactivo cada día.

> *"El éxito no viene a ti - tú vas a él."*
> —*Marva Collins*

Motivación vs. Procrastinación

Como adolescente, ¡puedes y debes probar cosas nuevas! Habla con gente, y encuentra cosas que te llamen la atención.

Nuestra última investigación indica que la baja autoestima está relacionada con mayor procrastinación. Si tus metas no están bien alineadas con tus valores o tu sentido de ser, es más probable que procrastines. Que tus valores los dé el establecer tu propia identidad - la persona que realmente quieres ser - debe ser parte de lo que entiendes por "objetivos".

Así que, ¿Qué haces cuando necesitas una muy buena nota, pero tu interés escolar es bajo o inexistente?

Encuentras la manera de que tu vida escolar te interese. Si te gusta el ciclismo o la escalada, puedes iniciar un club en tu centro con esas temáticas, o cualesquiera que te interesen. Tienes que mezclar tus intereses con tu vida diaria. Recompénsate a ti mismo cuando te mantengas fiel a un plan para llevar tus tareas al día uniéndote a un club ciclista o dando un largo paseo.

Usa el lenguaje del crecimiento, por ejemplo, *"No estoy seguro de poder hacerlo hoy, pero creo que podré aprender con tiempo y esfuerzo."*
Cuando sea posible, convierte tu tarea en actividades que tengan sentido para ti - tiene que ser por tu beneficio, no por el de otra persona. El éxito puede venir más despacio pero ser más duradero si los objetivos para lograrlo son intrínsecos de por sí.
Estar en buena forma para sentirse mejor o para mantenerse saludable es un objetivo más intrínseco que ponerse en forma para impresionar a alguien.

Cuando no nos sentimos motivados para hacer algo, solemos procrastinar - pero hazlo demasiado y podrías pagar el precio.

Por ejemplo, puedes aplazar hacer tu tarea, pero pagarás el precio de suspender o una nota más baja si no la entregas a tiempo, y si esperas, te aceleras y acabas haciendo un trabajo menos excelente del que habrías hecho si te hubieras concedido más tiempo.

- Conoce el tipo de persona que eres. ¿Trabajas mejor bajo la presión de una fecha tope, o no?

- Comprende que hay un montón de cosas que debes hacer en la escuela que pueden parecerte irrelevantes ahora o en el futuro. Pero las actividades en las que estés implicado, así como tus calificaciones, tienen relevancia en el futuro. ¡Acostumbrarte a hacer cosas que no te motiven sí que es un gran desafío!

La vida no es lo bastante perfecta como para mostrarnos sólo cosas que disfrutamos, pero lo superamos mezclando las suficientes actividades positivas. Antes que nada, céntrate en descubrir tus auténticos valores e intereses.

"La acción es la clave fundamental para cualquier éxito."
-Pablo Picasso

Cuándo seguir y cuándo liderar

Hay una cita famosa, pero no siempre cierta, que dice así: "Los líderes nacen, no se hacen". Un auténtico líder sabe - o puede determinar con rapidez- cuándo liderar y cuándo seguir. Si encuentras una oportunidad de liderar, aprovéchala, y mira dónde te lleva.

Si tus acciones inspiran a otros a soñar más, aprender más, hacer más, y convertirse en más, eres un líder.

—John Quincy Adams

Reflexiona acerca de cómo es tu habilidad de elegir tu

comportamiento, piensa acerca de tus principios y valores, y toma las decisiones no en base a los sentimientos o las emociones, sino en base a estos principios y valores. Haz esto 20 días. Empezarás a saber más sobre ti, a tomar decisiones con mayor reflexión y a confiar en las mismas. Te convertirás en un hombre hecho a través de la calidad de sus decisiones y no la cantidad de las mismas.

De vez en cuando está bien seguir, pero hazlo sólo esporádicamente y conscientemente, sabiendo que en una situación donde tu instinto o tu conocimiento son dominantes, puede haber una oportunidad para que lideres. Busca oportunidades de estar en situaciones de colaboración; no tengas miedo de ser único y diferente; usa tu individualidad para tu beneficio añadiendo una perspectiva diferente a la ecuación. Dios te creo único y diferente por una razón; busca descubrir tus talentos.

Capítulo Dos:

Construirse/Reconstruirse a uno mismo

"Es difícil alzarse sobre todos los pensamientos negativos, pero cuando la fe se convierte en tu salvador, y crees que puedes convertirte en lo que quieras ser, las puertas se abrirán para ti."

—Brenda Lane-Oliver

Parte del crecimiento incluye construirse, y a veces, reconstruirse a uno mismo. *Construirse* a uno mismo implica acercarte a tus objetivos, y convertirte en la persona que querrías ser - además de aceptar las cosas que no puedes cambiar, o aceptar un lento pero seguro progreso hacia una meta física (ganar fuerza, perder peso, etcétera). *Reconstruirse* a uno mismo consiste en volver al camino tras cometer uno o varios errores, o tras atravesar una situación difícil con toda tu voluntad.

"E invócame en el día de la angustia; yo te liberaré."

-Salmo 50:15

Cuando tus padres se divorcian

El mundo puede ser un lugar volátil, y con frecuencia nos encontramos con la guardia baja viviendo una existencia centrada en nosotros mismos, disfrutando de una sensación de que cuiden de nosotros, de continuidad y de control en un entorno predecible. Disfrutamos que nuestras necesidades estén cubiertas. Entonces, de repente, todo nos es arrebatado. El mundo al que estábamos tan acostumbrados desaparece, y en su lugar queda soledad por la forma en la que las cosas eran, y quizá ira, amargura, depresión y tristeza. Te preguntas si alguien entiende tus necesidades. ¿Le importa a alguien? ¿Se da cuenta alguien del caos que se ha dejado atrás, a medida que tus emociones parecen estar fuera de control? A veces estarás contento, otras veces triste, enfadado o aliviado.

El divorcio saca muchas emociones de los adolescentes, incluyendo la ira, la tristeza o incluso la depresión. Es importante recordar que no es tu culpa que tus padres se divorcien entre ellos, y no de ti. Aunque el divorcio puede proporcionar un alivio inmediato a una situación donde había constante conflicto e incluso abuso, queda una sensación de pérdida y de tristeza.

Casi un 50 por ciento de los matrimonios acabarán en divorcio si las tendencias actuales se mantienen. Esto significa que millones de niños van a pasar por el estrés resultante causado por esta disrupción en sus vidas, exactamente como tú lo estás haciendo.

Así que es mejor preparar algunas estrategias para ayudarte a superar esta fase, y recuerda, la forma en la que te sientes ahora es sólo una fase. Encontrarás la forma de superarla, pero no caigas en la trampa de sentir que tú, de alguna manera, eres la causa o que hay algo que puedes hacer acerca de la situación. Tus padres son adultos y ellos también atravesarán este divorcio.

Tanto como sea posible, concéntrate en tus intereses; no pierdas el tiempo psicoanalizando a tus padres y a su decisión. Aquí es donde te puedes meter en más problemas. Mantente apartado lo más posible, incluso si ellos inconsciente o egoístamente intentan ponerte en el medio o en alguna parte cercana a su problema. Busca resultados positivos. Tienes que asumir el hecho de que éste es su problema y darte cuenta de que no tienes absolutamente nada que decir ni ningún control sobre la situación. Incluso si crees que podrías. Olvida esos pensamientos y concéntrate en ser lo mejor que puedas ser.

Necesitas expresar tus sentimientos. Habla acerca de lo que estás pasando con un amigo de confianza o con un profesional; Sigue con tus actividades preferidas, tu diario, y sobre todo, mantente saludable. Necesitarás tu fuerza porque tus emociones aparentarán estar fuera de control. No lo están. Simplemente estás pasando por una situación personal bastante dura y atravesándola con esfuerzo. Sigue concentrándote en tus necesidades, sin ser demasiado exigente ni difícil, sólo autorizándote a cuidar de ti mismo para que no te afecten la culpabilidad o la vergüenza.

Recuerda que Dios te ama cuando las cosas te parezcan imposibles, y usa este conocimiento para obtener la fuerza, guía y comodidad que necesitarás para recuperarte y volver al camino.

"Empezando hoy, perdónate a ti mismo y a otros. No puedes vivir en el pasado, y el futuro está justo delante de ti. Es el momento de dejarlo marchar y dar un paso adelante."

—Brenda Lane-Oliver

Confianza y autoestima

Aunque no está específicamente escrito en la Constitución, los americanos se enorgullecen de su derecho a la autodeterminación - a ser lo mejor que puedan ser, y a cambiar cuando sea apropiado. No dejes que el punto de vista o el comportamiento de nadie te hagan retroceder. Ten la confianza y la autoestima para ser todo lo que quieras ser.

> Una buena autoestima puede ser la fundación sobre la que una persona construya una vida de significado y fuerza.

La autoestima es necesaria, algo requerido para funcionar correctamente. No es una necesidad vital como la comida o el agua, sino más bien como la necesidad que nuestro cuerpo tiene de minerales, como el calcio.

El valor de la autoestima no yace simplemente en nuestra habilidad de sentirnos bien con nosotros mismos, sino que también está relacionado con nuestra capacidad de vivir una vida plena. La autoestima nos permite aceptar desafíos, enfrentarnos mejor a los problemas, comunicarnos más positivamente con otros, recuperarnos de decepciones, y nos permite tener más esperanza en la vida, emocionalmente, espiritualmente, creativamente, e intelectualmente.

Nadie nace con poca autoestima. Es algo que adquirimos como resultado de una combinación de circunstancias: una baja percepción de nosotros por parte de otras y una baja opinión de nosotros mismos acerca de nuestros talentos, habilidades y logros.

Un error común es que una alta autoestima va acompañada de presunción o arrogancia. Una señal de este problema es alguien que necesita percibir a otros grupos como inferiores, o hacerse sentir superior a otros, o un hombre que piensa que su poder se basa en su dominación sexual.

Así que si tienes una buena autoestima, bien. Si te vendría bien un poco más, sigue leyendo. Cuando no conseguimos lograr las cosas que creemos que necesitamos, nos sentimos culpables y avergonzados, y creemos que no tenemos fuerza de voluntad, que somos unos fracasados. Solemos rendirnos intentando cambiar.

> *"Nadie puede hacerte sentirte inferior sin tu consentimiento."*
>
> -Eleanor Roosevelt

Recuerda, sin importar cuán cuidado esté tu entorno, integridad, autorrespeto y disciplina son características que no son automáticas, sino que las adquirimos. Construir una mayor autoestima no es fácil, requiere tiempo y energía. No podemos permitir que la pereza o la complacencia se interpongan en nuestro camino de ser lo mejor que podamos ser.

Conseguir autoestima requiere voluntad, o una organización de nuestros pensamientos y comportamiento con respecto a completar ciertas tareas. Debemos renunciar a la gratificación inmediata y mirar a los efectos a largo plazo de nuestras acciones en nuestras metas. Nada que merezca la pena ocurre rápidamente o con poco esfuerzo.

Piensa positivamente acerca de ti, mantén tus pensamientos y acciones limpias, y pídele a Dios, que fue quien te hizo, que siga rehaciéndote.

Comportamiento y elecciones

Como adolescente, estás formando a quien quieres ser. Podrás tomar decisiones o darte cuenta de cosas acerca de ti mismo, tu sexualidad, tus intereses, y todas las cosas que, individualmente, te forman a ti. Una mente que aspire a crecer ve estos encuentros como oportunidades para mejorar.

Ten siempre en cuenta lo siguiente:

- Cada ser humano tiene la capacidad de traer bondad al mundo.

- Dentro de los confines de la ley y la estructura social, cada ser humano tiene igual derecho a estar con quien quiera estar, amar a quien quiera amar, trabajar donde quiera trabajar, y perseguir su ración de vida, libertad, y felicidad.

- **Aspirar a la excelencia** también incluye ayudar a otros a conseguir estas metas y no ser el obstáculo o lo que impida la felicidad de otras personas.

Si te encuentras en una situación precaria, sea bajo presión o con pocas oportunidades de hacer que la gente en dicha situación quede contenta, intenta usar la regla 10-10-10 para ver las cosas desde otra perspectiva. Nuestro cerebro es químicamente incapaz de tomar nuestras mejores decisiones rápidamente, lo que significa que darte a ti mismo 20 minutos para acabar de tomar una decisión no es una mala idea. Cuando usas la regla 10-10-10, funciona así:

Detente y considera el siguiente escenario: ¿Cuáles son las consecuencias de mi decisión en 10 minutos, 10 meses y 10 años? Esto debería darte algo de claridad a la hora de tomar la decisión.

Si evitas tomar la decisión cuando estés en un estado altamente emocional, como una situación sexual, cuando estás movido por la ira o cuando hay adrenalina de por medio, será más probable que evites situaciones que podrías lamentar.

Al final del día, sé reflexivo con tus decisiones, asegurándote de que van de acuerdo con tus intenciones y tus objetivos. Pero ten también en cuenta que tus elecciones pueden mantenerte en territorio familiar, y a veces para disfrutar de todo lo que la vida debe ofrecernos, tenemos que pensar en la posibilidad de variar nuestras elecciones. ¿Qué te espera si pruebas un nuevo restaurante o una nueva actividad? A veces existimos dentro de una pequeña caja de posibilidades, y debemos autorizarnos a nosotros mismos a vivir más aventuras.

Percepciones vs. Realidad

Thomas Kuhn creía que el cambio ocurre como el resultado de una ruptura o un cambio en una tradición, una ruptura en la antigua forma de pensar de uno, una ruptura de la percepción y lo que uno asume. Estos cambios nos provocan que nos veamos a nosotros mismos y al mundo en una luz diferente. Estos cambios conllevan otros mucho más poderosos.

Si percibes que eres incapaz de alcanzar el éxito, tu comportamiento y tu actitud serán congruentes con esta percepción. Nuestras percepciones, sean correctas o incorrectas, son la fuente de nuestra actitud y nuestro comportamiento, y finalmente, de nuestra relación con los demás.

> **"Lo que la mente puede concebir y percibir, la mente puede alcanzar."**
> -Napoleon Hill, *Think & Grow Rich*

Tus experiencias pueden cambiar tus percepciones. Pueden permitirte ver las cosas como son en lugar de como las percibes. Una crisis que amenace una vida puede causar que uno vea sus prioridades bajo una luz diferente.

Sin importar el problema, cambiando tus hábitos, cambiando tu método de influencia (amigos, roles, riquezas, posición), y cambiando la forma en la que ves tu capacidad para controlar tus circunstancias (tanto si ves que tienes control directo, indirecto o de ningún tipo), puedes cambiar el resultado. Todos tenemos la capacidad de cambiar nuestra respuesta a las circunstancias; muchos de nosotros inconscientemente permitimos que otros elijan por nosotros, o simplemente reaccionamos a la ocasión.

Cada uno de nosotros cree que vemos las cosas de la

forma que son, pero sólo las vemos desde nuestra perspectiva. Vemos el mundo no como es, sino como estamos condicionados a verlo. Podemos no ser objetivos.

La objetividad se logra cuando somos capaces de confiar en nuestras experiencias, nuestras interacciones con otros, y permanecer abiertos a sus percepciones, cuando examinamos y probamos nuestras suposiciones y percepciones contra la realidad, consiguiendo así una visión más ancha y más objetiva del mundo.

El éxito y la felicidad yacen en tu capacidad de ver todo lo que el mundo puede ofrecerte a través de tus experiencias, conocimiento y ensayo y error, y entonces eligiendo conscientemente qué hacer para hacer del mundo un lugar mejor.

Aristóteles creía que deberíamos vivir bajo el Triángulo Dorado: bajo lo que es verdad, bueno, y bello. Cuando tenemos la verdad y la bondad, elevamos nuestras vidas a la categoría de belleza. Una vida de excelencia moral lleva a una buena vida.

Trabaja por una causa, no por
aplausos; Vive la vida para
expresar, no para impresionar;
No hagas que tu presencia se note,
haz que tu ausencia se note.

-Anónimo

Salud y equilibrio

Tres reglas para la vida:

1. Todo es un poco más fácil si tienes buena salud.

2. Puedes dar pasos para mejorar tu salud a cualquier edad.

3. Puedes mejorar tu salud sin importar tu cuerpo actual.

No significa que vaya a ser fácil. Si no estás feliz con tu tipo de cuerpo, en la mayoría de los casos puedes cambiarlo (algunas veces mucho, otras veces poco, depende de tu genética). Si eliges ir por ese camino, prepárate para luchar contra lo que puede ser lo más duro que hayas hecho en tu vida. Y buena suerte.

No tienes que invertir una fortuna en ir al gimnasio o en comprar suplementos alimentarios (especialmente cuando eres un adolescente, puesto que en la mayoría de los casos tu cuerpo está cambiando drásticamente de por sí), o tomar esteroides (que pueden causarte problemas internos), así como someterte a cirugía. Puedes mejorar tu salud, con frecuencia sustancialmente, haciendo sólo tres cosas:

1. Elimina de tu dieta el azúcar y los edulcorantes artificiales. Elimina los refrescos, tés endulzados, etcétera. Si necesitas algo con azúcar, busca etiquetas que digan "azúcar de caña". Evita todos los productos que contengan mucho sirope de fructosa.

2. Elimina de tu dieta la sal. Busca opciones con poca sal. Haz un experimento para ver cuántos cereales tienen menos de 100 gramos de sal (sodio) por ración. Tómate tu tiempo, compruébalo todo. Te sorprenderá.

3. Ejercicio. Debido a la genética, en la mayoría de los casos, tus años de adolescencia son los mejores para establecer un programa de ejercicio de al menos 3-4 días a la semana, y provocar cambios increíbles en tu

cuerpo que te ayudarán a tener una mejor vida a medida que envejezcas.

"Fue la voluntad la que nos sacó de la cama, la dedicación que nos llevó a la acción y a la disciplina que nos permitió seguir adelante."

—Zig Ziglar

Algunos datos acerca del culturismo y el cambio corporal, por si te interesan:

- Sin usar esteroides u hormonas, la mayoría de la gente puede ganar una media de entre 1 y 3 libras de músculo por año.

- Para los chicos, por cada pulgada de músculo que queráis poner en vuestros brazos, os hace falta ganar entre 10 y 15 libras de peso corporal. No, la mayoría de los gimnasios a los que estáis considerando uniros no comparten este hecho con vosotros cuando firmáis. Sí, es posible que algunos lo consigáis, más que nada en vuestra adolescencia, y especialmente si pegáis un estirón de crecimiento.

- Si tienes un excepcional sobrepeso (50 libras o más), y comienzas un riguroso programa consistente en caminar y hacer dieta, puedes perder 20 libras en 8 semanas y tener cambios menores, pero visualmente apreciables, en sólo dos semanas.

Se te considera en excelente forma física si puedes hacer esto, a cualquier edad:

- 50-60 flexiones seguidas sin parar.

- 10-15 abdominales seguidos sin parar.

- Levantar tu peso corporal o más entre 8 y 12 veces seguidas.

- Sentadillas del doble de tu peso corporal o más entre 8 y 12 veces sin parar.

Una salud excelente no es sólo salud física, sino salud emocional, mental, psicológica e interpersonal. Encuentra un equilibrio saludable entre el ejercicio, y hacer cosas que sean buenas para ti. Duerme lo suficiente (7-8 horas por noche). Establece metas razonables y realistas. ¡Progresa sin prisa pero sin pausa!

Mezclando la familia, los deportes y los estudios.

Los días tienen 24 horas, y para la mayoría de la gente, el sueño les consume entre 7 y 8 horas. Eso les deja entre 15 y 16 horas al día para decidir cómo invertirlas. Es importante pasar tiempo con la familia, practicar deporte, llevar bien los estudios, y crear una vida social con los amigos. Es un acto de equilibrio, y "equilibrio" es la palabra central. Los mejores cirujanos ortopédicos recomiendan evitar el exceso de deporte o las lesiones cambiando el método de entrenamiento. Si juegas a hockey, prueba el baloncesto o la natación en tu época libre para permitir un mayor desarrollo de los músculos, fuerza, alcance y agilidad.

El número de niños con lesiones de exceso de uso muscular se está disparando en esta sociedad de deportes demasiado competitivos. Es un ejercicio de equilibrio, y la palabra es "equilibrio".

Equilibrar los estudios, los deportes, la familia y la vida social. ¿Podemos tenerlo todo y aun así sentirnos realizados y felices? Sí, si no nos pasamos. La felicidad llegará más probablemente si hacemos lo que amamos en lugar de las actividades que perseguimos o intentamos perfeccionar. Si no tienes lugar para la espontaneidad en tu agenda, simplemente descansa

en tu habitación o en el jardín. No te pierdas los beneficios de la soledad, detente y observa la belleza e inocencia de este magnífico planeta.

El éxito, el reconocimiento, el poder y la fama pueden ser buenos en parte o en su totalidad, pero no a coste de tu familia, amistades, salud o tu cordura.

Liderazgo

No todo el mundo está destinado al liderazgo. El liderazgo incluye dedicación, responsabilidad, esfuerzo, y talento.

Algunos son grandes líderes, pero debido a la circunstancia o a la situación, eligen o son forzados a ser seguidores. Otros pueden intentar ser grandes líderes, pero carecen de la resistencia, no son capaces de enfrentarse a los inconvenientes, no quieren dirigir a otros, o no pueden dedicar el tiempo necesario para permanecer efectivos en ese rol

A continuación, siete capacidades de los buenos líderes.

1. Visión: la visión define lo que el éxito parece. El equipo vive bajo la visión del líder.

2. Comunicación: El líder debe ser capaz de comunicar la visión al equipo, y hacerlo de tal manera que les convenza.

3. Habilidades sociales: los líderes deben saber cómo motivar a la gente, resolver conflictos, escuchar, reconocer, afirmar, decir cumplidos, y construir comunicación. Deben tener la habilidad de inspirar a otros a llegar a una meta común.

4. Personalidad: la gente admira a los que muestran personalidad genuina. El líder convence a la gente porque su visión les convence. Rasgos de personalidad pueden incluir una fuerte ética de

trabajo, honestidad, integridad, responsabilidad personal y social, autodisciplina, valor, bondad, tolerancia, y respeto por otros.

5. Competencia: un líder competente puede crear un equipo exitoso mediante aprender a delegar cada tarea con una dedicación a la excelencia.

6. Equilibrio: no siempre puede jugarse a lo seguro; a veces hay que tener el valor de luchar cuando llega el momento. No hay beneficio sin riesgo.

7. Servidumbre: el liderazgo no consiste en ser

el jefe, sino en ser un servidor. El liderazgo necesita ser visto no como una oportunidad de expandir el ego, sino como una oportunidad de servir a otros y a Dios.

Los líderes son personas que avanzan para enfrentarse a los desafíos del mundo, un mundo que con frecuencia parece oscilar hacia un futuro oscuro e incierto.

Si los niños de hoy no se convierten en líderes, ¿Dónde irá nuestra sociedad? Este mundo necesita un constante flujo de líderes.

Como profesores, entrenadores y educadores, debemos estar inspirados a motivar líderes que servirán a su generación con bravura, se alzarán en las encrucijadas de la historia, demostrarán personalidad y un corazón sirviente a fin de llevar el mundo a la esperanza, a la vida, al futuro.

Determina tu interés en el liderazgo preguntándote a ti mismo:

- ¿He liderado yo, como adolescente, algún grupo, o iniciado alguna iniciativa por mi cuenta que fuera exitosa? (un negocio propio, por ejemplo). Si ya tienes la experiencia de haber sido un líder en la adolescencia, felicidades, ya tienes los cimientos para ser un líder tras la escuela.

- ¿Estoy dispuesto a alzarme a los desafíos y los compromisos que implica ser un líder?

- ¿Estoy dispuesto a dedicar el tiempo y energía necesarios para liderar un proyecto?

- ¿Qué me importa lo suficiente como para que quiera ser un líder que aporte un cambio positivo?

Tus respuestas a estas preguntas ayudarán a definir tu dirección.

Reflexiones. Quizá no estés interesado en ser un líder para la justicia social, algún proyecto o equipo, pero algún día serás un padre o marido, lo cual requiere liderazgo, así que por qué no empezar a adquirir ya y a desarrollar los rasgos de un líder. No te arrepentirás y estarás preparado

Capítulo tres:

Convertirse en el caballero perfecto

"Todo gran sueño comienza con un soñador. Recuerda siempre que tienes dentro de ti la fuerza, la paciencia y la pasión para alcanzar las estrellas y cambiar el mundo."

—Harriet Tubman

Pedir una cita

Es mejor ser directo a la hora de pedir una cita.

¿ Quieres venir conmigo al cine el Sábado por la noche?

Como comienzo, mantenlo simple, encontraos en un lugar público. Hablar y escuchar son dos grandes maneras de formar una base fuerte para conoceros mutuamente, así que elige un lugar donde podáis hablaros y escucharos con comodidad. Si ya conoces a la persona, elige algo que os guste hacer, o ver juntos: una película, un museo, un almuerzo, un paseo... Vístete adecuadamente para la actividad que vas a desarrollar.

Sé tú mismo, hazlo lo mejor que puedas para pasároslo bien y hacer que la otra persona concluya que se lo ha pasado bien. No tiene por qué ser caro. Sobre todo, intenta no impresionar, eres más interesante y atractivo cuando dominas quién eres, es decir, tu individualidad.

Si deseas declinar una cita o una proposición de relación, ten tacto, da una razón o una fecha alternativa, pero sé firme. Es cruel dejar a una persona esperando.

Terminar la cita: cualquiera de vosotros puede sugerir que es hora de ir a casa. Si te invita a su casa o si va a la tuya, estate preparado con un preservativo, pero no reacciones en exceso. Sobre todo, respeta su decisión, puede haber juzgado mal su voluntad de ir más allá.

Respetarte a ti mismo

Si tu cita dice "no", no es el fin del mundo. Sí, puede significar que simplemente no le gustas. También puede significar que es un mal momento, que tu cita está viéndose o interesada en alguien más, que no le interesa ir en serio, etcétera. Respétate a ti mismo aceptando su decisión, con madurez. Si realmente te gusta, piensa en otra actividad y proponle otra cita. Si te dice que no, seguramente no sea la persona ideal para ti. No pasa nada.

Respetar a tu cita

Diga "sí" o "no" a otra cita, es importante respetar su decisión.

Si parece haber algún futuro interés, persíguelo en un par de días o de semanas, lo que te parezca bien. Si, por otra parte, decides en mitad de la cita que no es la persona idónea, ten tacto y educación y piensa en cómo te gustaría que se te tratara en la misma situación. Actúa en función a ello. Nunca le permitas ni le proporciones confusión alguna.

Etiqueta

> Recuerda siempre tratar a la otra persona como te gustaría que te tratasen.

- Abrir la puerta para ella.

- Esperar a que ambas comidas se sirvan antes de empezar a comer.

- Ser bueno, amable y respetuoso.

- Preguntarle a tu cita por sus preferencias en una actividad dada.

Si necesitas sonarte la nariz durante la cena, excúsate de la mesa. Como mínimo, gira la cabeza y nunca uses la servilleta de la mesa como un pañuelo.

Cuando tosas, cubre tu mano, preferiblemente con un pañuelo o servilleta, gírate de los que te rodean, y pide perdón después. Abandona la sala si tienes un ataque de tos.

Educación en la mesa:

- El cuchillo de la cena es el primero a la derecha del plato de la cena.

- A continuación está quizá el cuchillo del pescado, la cuchara, y finalmente, quizá un tenedor para almejas.

- El tenedor de la ensalada es más pequeño y va directamente a la izquierda del plato de la cena.

- Después van el tenedor de la cena, y finalmente, quizá un tenedor de pescado.

- La ensalada, y el pan y la mantequilla van a la izquierda.

- Todos los vasos, incluida la jarra de agua, van a
- la derecha del plato de la cena, junto con el café o la tetera.
- El pañuelo va a la izquierda.

No se espera que los huéspedes limpien o recojan, pero deberían ofrecerse a ayudar a los anfitriones cuando limpian la mesa, aunque éstos por lo general declinarán. En situaciones casuales, esto ocurrirá más de vez en cuando, y los anfitriones aceptarán la ayuda.

Etiqueta en el dormitorio:

¿Y qué pasa con la etiqueta en el dormitorio? Sí, lo has leído bien. Primero, el sexo nunca debe ser algo en lo que intervengas casualmente; hay demasiados riesgos: emocionales, físicos y financieros. Si encuentras a esa persona especial, y ya conoces las consecuencias, y aun así piensas que es algo que debéis hacer antes de casaros, entonces aquí hay un par de cosas que puedes aprender.

Recuerda ponerte protección para protegeros de la eyaculación. Al igual de las normas de etiqueta que sigues en la mesa, sé cuidadoso con la forma en la que tratas a tu pareja. Sé educado y pide permiso. No hay reglas bajo las sábanas, pero no se permite quedarte mirando. Miradas interesadas son, no obstante, aceptables. Mantén el ambiente de la ocasión y sigue sus pistas verbales y no verbales. No se trata de que alguien asuma el liderazgo, es más bien una sutil danza de comunicación no verbal.

No aceleres el momento. En su lugar, espera al instante adecuado: la paciencia da sus frutos. Lo sentirás cuando tu pareja esté lista. Quizá seas capaz de notarlo cuando se apriete más contra ti. Hazle saber que la valoras; continúa siendo un caballero interesado, pero haz como que sabes lo que haces. Cuando acabes nunca, jamás, mires a tu reloj, cojas tu teléfono, o hables de negocios. En su lugar, dedícale un cumplido honesto, y si quieres comer o beber, pregúntale si también quiere. Recuerda tus modales.

Príncipe encantador

Ganar a la otra persona es, en la mayoría de los casos, una combinación de mutua compatibilidad. Ser un "príncipe encantador" no significa que tengas que ser perfecto. Nadie lo es. Significa ser capaz de establecer un tono y un estándar acerca de cómo actúas (uno que es compatible con los deseos de tu pareja), y ajustarlo a medida que pasa el tiempo y la relación evoluciona. Cuida tu imagen y ten autoconfianza; a la mayoría de jóvenes les gusta ver que estás a cargo. Esto no requiere ser un bruto, sino más bien ser

bondadoso, educado, gentil y con confianza. No seas indeciso, a nadie le gusta la indecisión.

Los regalos indican la afectuosidad que se siente por un amigo. Deberían estar envueltos con una tarjeta pegada. Nunca des un regalo que no te guste, e intenta que el regalo se ajuste a su personalidad.

Límites

Es importante mantener la comunicación con tu compañero y decir con claridad cómo te sientes.

Cuando comienzas a conocer a alguien, con frecuencia hay malentendidos, señales mezcladas, confusión, y a veces llevan a situaciones embarazosas o injustas. Si crees que estás recibiendo señales mezcladas de alguien, ambos necesitáis hablarlo. La violación es un crimen serio. Si tu pareja está intoxicada o balbuceante, es una señal de peligro - aléjate de ella. Como regla general, si alguien dice "no", pero se comporta como "quizás", asume que es "no" hasta que se te diga lo contrario. Los tocamientos inapropiados están prohibidos.

Capítulo cuatro:

Responsabilidad social

"Antes de actuar, piensa. Antes de reaccionar piensa. Antes de gastar, gana. Antes de criticar, espera. Antes de rezar, olvida. Antes de dejarlo, inténtalo."

-Ernest Hemingway

Voluntariado comunitario

Una gran manera de poner a prueba tus habilidades de liderazgo es hacer trabajo de voluntariado en tu comunidad.

Puedes encontrar oportunidades locales para ello en sitios como www.volunteermarch.org o www.idealist.org, busca en esos y en otros sitios para encontrar resultados potenciales de cara a tus habilidades e intereses.

Si te gusta el voluntariado y tienes tiempo, genial, pero si no, quizá sea sabio empezar por prestar atención a los estudiantes que destacan por mostrar interés en ayudar a otros. Las universidades buscan largas dedicaciones al servicio; aparecer un día para alimentar a los desahuciados no te llevará muy lejos a la hora de querer entrar en una universidad. Todos los niveles de voluntariado pueden ser beneficiosos. Tanto si es una actividad de un día o una enseñanza semanal, el voluntariado puede ayudarte a desarrollar tu sentido de la responsabilidad, ayudarte a sentirte más conectado a las comunidades y proveerte de nuevas experiencias en un entorno diferente.

Presión de sus compañeros

Cuando eres un adolescente, la mayor parte de tu tiempo está dividido al 50% entre la escuela y todo lo demás. Es importante para ti, así como para tu salud física y mental, darte cuenta de cómo ser feliz en ambos casos. Está bien hacer amigos y está bien tener intereses en común, pero a la vez, necesitas tiempo para aprender quién quieres ser, y no necesitas a gente que te empuje a direcciones negativas a las que claramente no quieres ir.

Ejemplos de presión en el instituto pueden ser el sentirte presionado a unirte a una banda, empezar a fumar, tomar o traficar con drogas, tratar a otros terriblemente, etcétera. Cuando **aspiras a la excelencia,** te esfuerzas en resistirte a las cosas que no te ayudan ni a ti, ni a otras personas.

Los jóvenes experimentan presión cada día de sus vidas. Frases que pueden llevar a un hombre joven a tener problemas son, por ejemplo: "¿Eres una nenaza?", "Conduces como mi abuelo", "Eres un idiota", o "Gallina".

Un par de cosas a tener en cuenta cuando te enfrentes a la presión.

1. No está bien reírse de los demás. No quieres ser la persona que provoque tanto a otro que acabe haciéndose daño a sí mismo o a otra persona.

2. No tienes que ser amigo de todo el mundo. Elige a tus amigos sabiamente. Si encuentras desagradable algo en otra persona, no les hagas sufrir. Pasa de ello.

Valores sociales y familiares

No esperes estar de acuerdo con tus padres en todo, y no esperes tener discusiones enormes acerca de los aspectos en los que los valores de tus padres están en profundo desacuerdo con los tuyos.

Como definas "familia", y como definas "valores morales" puede cambiar con el tiempo basándose en la gente a la que conozcas, la gente a la que ames, las conversaciones que tengas, y las injusticias que veas. Es importante mantener una mente abierta a diferentes perspectivas. Puedes estar en total desacuerdo con los credos más profundos de uno o de otro, pero recuerda que los otros tienen derecho a tener una opinión diferente. No obstante, escucha a tus padres e intenta hablar con ellos. Cuando tengas dudas busca en la Biblia los principios y valores a prueba de fallos para tener una vida plena, feliz y con éxito.

Algunas cosas para que las consideres:

- ¿Cómo te sientes acerca de la gente que piensa, vive o actúa de forma diferente a la tuya?

- ¿Qué consideras familia y qué consideras familia extendida? ¿Cuáles de tus valores principales pertenecen a los valores familiares?

- ¿Cómo te sientes acerca de la gente gay, lesbiana, bisexual o incluso transexual?

- ¿Quieres tener hijos algún día?

- ¿Qué valores son importantes para ti? ¿Honestidad, dedicación, integridad?

Tómate un par de minutos al día para sentarte y pensar acerca de lo que realmente importa en la vida.

¿Qué te gustaría que la gente dijera que defiendes? Piensa en algunos principios que puedan guiarte hacia el futuro, dándote una fundación mediante la cual tomar decisiones consistentes y responsables acerca de tu comportamiento y de los tópicos que definirán lo que quieres conseguirlo, cómo hacerlo y qué guiará tus acciones.

Los principios son esenciales para la conducta humana y han demostrado mantener un valor permanente.

Quizá quieras hacer este ejercicio con tu familia si tu familia no tiene principios que les guíen en cómo tratarse entre ellos, o a otros en general. Muchas familias tienen principios no hablados, como las que se centran en una creencia en Dios que influencia si vas a la iglesia y con qué frecuencia.

Por ejemplo, ser un patriota puede ser un principio mantenido por ti y tu familia que signifique que valores proteger a tu país y a tu gobierno.

"No somos seres humanos en un viaje espiritual. Somos seres espirituales en un viaje humano."

-Pierre Teilhard De Chardin

Heterosexual u otra sexualidad: Cómo interactuar

En algún punto de tu vida, lo más probable es que te encuentres con alguien que sea gay (o lesbiana, o bisexual, o transexual). Esto es lo que debes hacer si se te acercan:

- Si la persona está interesada en ser tu amigo y tú correspondes a ese interés, inténtalo. Ser amigos con alguien que no es heterosexual no te hace serlo menos, te hace ser abierto de mente.

- Si la persona parece claramente interesada en algo más que la amistad, no les pegues ni abuses verbalmente de ellos. Dile con educación que estás sólo interesado en ser amigos y nada más, o que no estás interesado. Respeta su privacidad, y no compartas sus secretos o su interés contigo con otros.

- Si tú eres la persona gay, lesbiana, bisexual o transexual, conocer a gente compatible puede ser duro y las señales mezcladas pueden y te causarán problemas. Tienes una obligación personal de respetar la sexualidad de otros de la forma en la que te gustaría ser respetado. No te abras a alguien que es claramente heterosexual. Sé respetuoso, espera respeto.

Capítulo cinco:

Obstáculos y comportamiento arriesgado

"He aprendido que el éxito se debe medir no por la posición que uno ha alcanzado en la vida, sino por los obstáculos que ha superado mientras lo perseguía."

-Booker T. Washington

Consumo de drogas y alcohol

Si de verdad aspiras a la excelencia, querrás evitar el uso de drogas o alcohol.

No aceptes nada que te ofrezcan. No cedas a la presión de probarlo sólo porque otros lo hagan, tus padres lo hagan, o tus amigos lo hagan. Parte de tomar buenas decisiones consiste en centrarte en quién eres, quién quieres ser, y hacer cosas que te lleven y no te separen de esas metas.

Evitar grupos negativos

¿Qué clase de persona quieres ser? Grupos de compañeros positivos son una buena idea. Los grupos se vuelven negativos cuando sus componentes se juntan para vender drogas, dañar las propiedades de otras personas, dañarse a otros o a sí mismos, e inmiscuirse en situaciones personales cada vez más complejas de las que quizá no sean capaces de salir vivos. Esto es un grupo negativo. Que tu tiempo libre lo ocupe completamente la familia, los deportes y los estudios significa que tendrás menos tiempo para unirte a semejante grupo, consumir drogas o involucrarte en un comportamiento cuestionable.

Embarazo adolescente

Si has dejado a una chica embarazada mientras eres un adolescente, muchacho, qué lástima me das. O lo das en adopción, o lo abortáis, o más te vale averiguar cómo, mientras estés en el instituto, vas a empezar a conseguir los 135,000 dólares que cuesta criar a un hijo, uno solo, hasta los 18, *excluyendo los costes universitarios.*

Crecer de adolescente a hombre suele involucrar adquirir y delegar responsabilidad y obligaciones en otros. Eres un adolescente, tienes una vida entera delante de ti que ni siquiera puedes empezar a apreciar ni imaginar. Lo último que quieres hacer, en esta etapa de tu vida, es cometer un error que pueda tomar gran parte de tu libertad y tus ahorros durante los próximos 20 años.

Esto es lo que significa tener un hijo durante la adolescencia. *No* mola. Incluso si tu familia es adinerada, crea dolores de cabeza que la mayoría de los padres quisieran no tener.

Además de las penurias económicas, el estrés psicológico puede ser horrible.

Científicamente hemos verificado los siguientes hechos con respecto al desarrollo de los bebés desde su nacimiento:

- A las cuatro semanas, los pulmones, el estómago y el hígado empiezan a desarrollarse.

- A las ocho semanas, los párpados y los ojos se están formando, y puedes ver la punta de la nariz.

- A las 16 semanas, los ojos del bebé pueden parpadear, su corazón y sus venas están completamente formadas, y tiene huellas dactilares.

Si vas a tener la clase de sexo que puede llevarte a tener hijos, es mejor no tener sexo en absoluto. Si no podéis deteneros, tanto el hombre como la mujer deben tomar precauciones. Sólo recordad que los preservativos a veces se rompen, y que los dispositivos femeninos para evitar el embarazo a veces no funcionan.

Comportamiento adecuado durante la conducción

Un coche o una camioneta en la carretera no es un juguete. Es una pieza de maquinaria, con frecuencia con un peso de más de una o varias toneladas, que usada mal puede matar o herir gravemente a ti, a tus amigos, familia, amados y a los desconocidos. Un accidente grave con tu coche o camioneta puede costarte 3 o más puntos en tu licencia (que tardan años en desaparecer), costes de más de $1000, y probablemente, tiempo en la cárcel si matas o hieres gravemente a otra persona.

¿Qué es la presión, pues? Es la tendencia a ceder al comportamiento de un amigo o unos amigos aunque sepas que las consecuencias son severas si tus padres o profesores se enteran, de rendirse a un comportamiento que tu sabiduría interna te dice que no está mal.

Los años de adolescencia son un tiempo de confusión e incerteza, marcadas por un aumento de las expectativas en los amigos, hormonas caóticas, y deseo de independencia. A veces, en un esfuerzo para diferenciarnos de nuestros padres, los adolescentes se asocian con grupos de amigos. Los grupos de amigos positivos son muy beneficiosos para el desarrollo y la práctica de tomar buenas decisiones, comportamiento adecuado, honestidad y confianza. Podrás estar en un equipo y no ser capaz de no asociarte con ciertos miembros, no obstante, puedes elegir con quién quieres gastar tu tiempo libre. Tus relaciones marcan toda la diferencia. Una presión errónea puede acabar contigo en rehabilitación, muerto, o en la cárcel. Elige asociarte con estudiantes que valoren un alto nivel académico, un código moral, autoridad moral, y que tomen decisiones responsables y sean sensatos en sus juicios. Involúcrate con estos grupos e irás en buena dirección.

Ten cuidado con las tendencias, puesto que los estudios han demostrado que los adolescentes asumen un 50% más de riesgos cuando están con dos o más amigos, lo que incluye conducción temeraria.

Requiere plena concentración conducir bien, especialmente cuando eres joven y estás empezando.

> Cuando seas conductor, asegúrate de lo siguiente:

- *Nunca, jamás* uses el teléfono y conduzcas. Ni siquiera por un par de segundos.

- Baja el volumen de la música para tener una idea de tu entorno. Como indicio, deberías ser capaz de escuchar a un amigo hablar a tu lado sin tener que gritar.

- Conducir es un privilegio de adultos, así que actúa como tal cuando lo hagas. No grites o llames a otros al pasar, no te muestres desnudo en la ventana, no hagas cosas inmaduras.

- No bebas si eres el conductor designado. Sé un líder siendo un bien amigo y llevando a tus amigos a casa a salvo.

- Habla con tus amigos.

- Escucha música que te guste.

- Disfruta la sensación de conducir, el viento en tu cabello cuando la ventana está abierta, el sol, el paisaje. Son algunos de los placeres silenciosos de la vida. Disfrútalos.

Bullying, suicidio, y otros asuntos serios

La vida no siempre es bella para todos. Va arriba y abajo como una montaña rusa, y parte de crecer consiste en aprender a montar esa montaña rusa.

Para algunos, es más desafiante que para otros. Puedes ser popular en la escuela, o bueno en los deportes, o un líder de clase.

Incluso si eres uno de esos, es posible que hayas considerado el suicidio. Es una de esas cosas que no puedes saber de alguien. Es fácil ver a la gente que son abusados, molestados, no tienen amigos con los que comer, o no son invitados a fiestas. Pero todo el mundo tiene días malos y, en raros casos, el día es tan malo que no pueden ver los días buenos que llegarán si siguen aguantando lo suficiente.

Quizá puedas ser un amigo para quien claramente lo necesita, un confidente, o simplemente un oído empático con un impacto positivo.

Si alguien te dice "Estoy pensando en suicidarme", actúa inmediatamente:

- Díselo a un adulto. Un consejero, un padre, una madre, alguien rápidamente accesible en quien confíes.

- Dales el teléfono 800 nacional para la prevención de suicidios: 800-273-8255, disponible 24 horas al día/7 días a la semana (*www.suicidepreventionlifeline.org*). Permíteles usar tu teléfono si es necesario.

- Si son gays, lesbianas, bisexuales o transexuales, sugiéreles mirar The Trevor Project en *www.thetrevorproject.org*.

Para los padres:

Comportamientos de alto riesgo en adolescentes

¡Cuán bella es la juventud! ¡Cuán brillante
destella con sus ilusiones, sus aspiraciones,
sus sueños!
—Henry Wadsworth Longfellow

Los adolescentes pueden ser muy receptivos a la presión de los compañeros, lo que puede causar que se apunten a actividades que a veces pueden poner sus vidas en peligro.

Los padres y otros adultos reconocen las tentaciones a los que los adolescentes suelen enfrentarse, pero a pesar de las repetidas advertencias de "no hagas esto o aquello", muchos jóvenes aún sucumben a la presión por parte de sus compañeros.

Es probable que se involucren en comportamiento de alto riesgo, como conducción temeraria, abuso del alcohol, sexo sin protección y uso de drogas. Se ha hecho evidente que centrarse en las consecuencias negativas de estas acciones suelen caer en oídos sordos. Las advertencias de los padres y de otros adultos suelen ser ignoradas bajo miedo de ser excluido del grupo.

Los adolescentes suelen creer que son invencibles, luego en lugar de centrarse en las consecuencias negativas de las actividades peligrosas, los adultos deberían desarrollar reglas para sí mismos, al igual que para sus adolescentes.

Soy cada emoción diez veces,
Soy conformista, pero
rebelde,
Siempre obedeciendo, pero
de alguna manera un
forajido,
siempre hablando pero
nunca escuchando.
Soy un adolescente.
—Anónimo

1. Saber quién, qué, dónde, cuándo y por qué.

Monitorizar a tu adolescente, incluyendo saber con quién está, qué hace y cuándo volverá a casa, reduce bastante los comportamientos arriesgados como la actividad sexual y el abuso de drogas.

Puede incluso ser que esa sea la razón por la que los chicos tienden a estas actitudes más que las chicas, porque los padres suelen vigilar más a sus hijas que a sus hijos.

Esto te asegura que conocerás a los amigos de tu hijo, lo que es importante, pues las influencias de los amigos no deben ser subestimadas a esta edad. Si tu hijo se asocia con amigos que tomen riesgos varios, es más probable que él adopte esos comportamientos. Anímale a que traiga amigos a casa, donde podrás echarles un vistazo.

2. Inculca valores tradicionales a tu hijo.

Enseña a tu hijo la importancia del tiempo familiar, enorgullecerse de su trabajo escolar e involucrarse en actividades comunitarias y extracurriculares. Comienza a hacer esto cuando tu hijo aún tenga una edad temprana. Los valores familiares y los rituales como las comidas festivas e incluso hacer tareas semanales ayudan a establecer fuertes lazos familiares y reducen la posibilidad de que asuma riesgos innecesarios.

3. Ayuda a tu hijo a desarrollar competencias

Anima a tu hijo a desarrollar y practicar una habilidad, como tocar un instrumento musical, crear su propio negocio, como cortar el césped o cuidar

mascotas. Estas actividades establecen una manera de que tu adolescente se involucre positivamente con un interés o un proyecto, e, idealmente, también sus amigos. Las actividades estructuradas, como ensayos o prácticas, están típicamente supervisadas por un adulto y ayudan a que establezcas influencias protectoras sobre tu hijo.

4. Refuerza la relación padre-hijo.

La relación que establezcas con tu hijo durante sus primeros años perdurará a través de sus años de adolescencia. Los niños que se sienten amados, deseados, escuchados y cercanos a sus padres son menos propensos a involucrarse en actividades peligrosas durante sus años de adolescencia. Lo mismo pasa con los niños cuyos padres están en casa en los momentos clave del día: antes y después del colegio, en la cena y a la hora de dormir. Evita ser demasiado estricto o demasiado blando con tu hijo, mejor establece explicaciones consistentes mientras te mantienes abierto al compromiso.

¿Qué son comportamientos de alto riesgo?

Comportamientos de alto riesgo son aquéllos que pueden tener efectos adversos en el desarrollo general y el bienestar de un joven, o que puedan impedirle futuro éxito o desarrollo. Esto incluye comportamientos que

puedan causarle daño físico inmediato (como pelear), así como comportamientos con efectos negativos acumulativos (como abuso de sustancias o *bullying*). El uso de medicinas prescritas está alcanzando niveles epidémicos en zonas suburbanas. Ten cuidado con tus viejas medicinas y aquéllas de tu familia extendida que se quedan sin atención en los botiquines.

Los comportamientos arriesgados también pueden afectar a los jóvenes alterando su desarrollo normal o impidiéndoles participar en experiencias típicas de su edad. Por ejemplo, el embarazo adolescente puede impedir que un joven participe en eventos típicos como la graduación, o que no desarrolle amistades cercanas.

Como los comportamientos de alto riesgo pueden tener un impacto significativo en las vidas de los jóvenes y de aquéllos que les rodean, es esencial que los padres, educadores u otros adultos estén alerta de estos comportamientos, los factores que incrementan las posibilidades de que sucedan, y lo que se puede hacer para minimizar o prevenir estos riesgos.

Tipos de comportamiento de alto riesgo

Varios tipos de comportamiento de alto riesgo han resultado de particular interés para los profesionales debido a su prevalencia en la juventud de hoy. Muchos de estos comportamientos causan un gran número de muertes y heridas entre los jóvenes, o tienen impactos negativos en la sociedad.

Comportamientos autohirientes, violencia y suicidio.

Entre los jóvenes, muchos de los comportamientos autohirientes están relacionados con la conducción. Obtener una licencia de conductor se considera uno de los momentos más excitantes de los años de juventud, pero desafortunadamente, los accidentes de coche componen la mayor causa de muerte entre los adolescentes. Muchas heridas y muertes son causadas por no ponerse el cinturón de seguridad. La combinación de alcohol y conducción también contribuye a las muertes por accidentes, al igual que usar el teléfono móvil mientras se conduce, una auténtica ruleta rusa tanto para los jóvenes como para los adultos.

No es sorprendente que la mayor influencia en cómo conducen los jóvenes sean sus padres.
Los padres que hablan por teléfono o envían mensajes mientras conducen, los que van demasiado deprisa o los que no llevan el cinturón están estableciendo ejemplos que hacen que las vidas de sus hijos peligren.

Las peleas y la agresividad son otro grupo de comportamientos autohirientes. Es el segundo, tras los accidentes de coche, en causas de muerte entre las personas de 15 y 34 años.

Finalmente, el suicidio es uno de los comportamientos más peligrosos entre los jóvenes de hoy en día. Cerca de un 17% (Casi uno de cada cinco) de la juventud ha considerado suicidarse en el pasado año y un 13% llegaron a planificarlo. Entre los jóvenes, un 8.4% intentan suicidarse cada año. El suicidio es la tercera causa de muerte entre aquéllos cuyas edades están comprendidas entre los 15 y los 24, con un 86% de muertes para chicos y un 14 para chicas. (De las estadísticas compiladas por la Universidad de Nebraska en 2007).

Uso de sustancias

El uso de sustancias es otro grupo de comportamientos que contribuye a daño tanto inmediato como a largo plazo. Beber y tomar drogas están relacionados con accidentes con vehículos, luchas, violencia, relaciones problemáticas e interacciones sociales igualmente problemáticas, y varias enfermedades. La bebida y el tabaco son los comportamientos más comunes. Como los comportamientos autohirientes, la presencia de alcohol y cigarros ha disminuido en los últimos años, pero sigue siendo un riesgo serio para la salud adolescente.

En los últimos años, la metanfetamina se ha convertido en una grave preocupación en los Estados Unidos. El bajo coste de la droga y la facilidad con la que muchos jóvenes acceden a la misma ha contribuido significantemente a su rápida expansión. Los efectos de la anfetamina, graves, inmediatos y a largo plazo han hecho que se convierta en una preocupación urgente para muchos profesionales y reguladores.

El uso ilícito de drogas es tanto un riesgo de salud como una preocupación pública, debido a los obvios efectos negativos que tiene en sus usuarios. Los efectos del consumo ilícito de drogas incluyen, pero no están limitados a daño cerebral y a otros órganos importantes. También están relacionados con otros comportamientos peligrosos para la salud tales como conducción temeraria, involucrarse en comportamientos sexuales peligrosos y violencia.

Comportamientos sexuales arriesgados

Inmiscuirse en comportamiento sexual es considerado como uno de los mayores grupos de comportamientos arriesgados para los jóvenes debido a los peligros físicos (como las ETS) y psicológicos que puede conllevar. Los adolescentes pueden o pueden no estar preparados para las implicaciones sociales y emocionales de la actividad sexual, y muchos jóvenes sexualmente activos no se sirven de prácticas seguras. El embarazo juvenil es un posible efecto de estos peligrosos comportamientos, así como un factor de riesgo en sí. El embarazo juvenil está relacionado con mayores tasas de abandono escolar, así como otros riesgos socioemocionales.

Comportamientos relacionados con la obesidad y dietas poco sanas.

En los últimos años, la tasa de obesidad en los Estados Unidos ha alcanzado niveles epidémicos. Por esta razón, muchos profesionales han empezado a considerar los comportamientos que llevan al sobrepeso y a la obesidad como peligrosos. Mientras que un creciente número de jóvenes padecen sobrepeso u obesidad, otro gran número de jóvenes también siguen unos comportamientos poco sanos para perder peso.

La relación entre la adolescencia y los comportamientos de alto riesgo

La adolescencia es un tiempo de cambios veloces. En el curso de sólo un par de años, los jóvenes pasan una transición enorme en casi todos los aspectos de sus vidas. Físicamente, crecen una barbaridad y empiezan a parecer adultos. Cognitivamente, su pensamiento se vuelve más sofisticado. Socialmente, las relaciones son renegociadas, y los jóvenes desarrollan la capacidad de formar relaciones íntimas y profundas con otros. Al mismo tiempo, los roles que ocupan en la sociedad también cambian. En parte porque empiezan a parecer más maduros, la gente que los rodea empieza a tratarlos como adultos, dándoles responsabilidades acordes y expectativas de adulto.

Mientras que durante la adolescencia ocurre un cambio significativo, la completa madurez no se alcanza ni de lejos. Los estudios demuestran que el desarrollo neurológico no está completo hasta los principios de la veintena. La capacidad de tomar decisiones y el pensamiento orientado al futuro aún no están desarrollados. Así que mientras los jóvenes acceden a roles de adultos y a pesar de que parecen ser maduros, aún no están preparados para encargarse de estas nuevas tareas y desafíos. Por estas razones, los años de adolescencia pueden ser especialmente estresantes y frágiles, haciendo que los adolescentes tengan más probabilidades de encontrarse con comportamientos peligrosos e incapaces de medir sus riesgos y sus beneficios.

Factores de riesgo

Los estudiosos han identificado varios factores que predisponen a los jóvenes a comportamientos arriesgados.

1. Baja autoestima: A nivel individual, los jóvenes que tienen baja autoestima, que forman partes de grupos de jóvenes negativos, así como que se involucran poco con sus estudios o tienen bajas aspiraciones, tienen más probabilidad de verse en comportamientos arriesgados.

2. Factores parentales: Incluyen una comunicación padre-hijo deficiente, bajo control parental (como que los padres no sepan dónde está su hijo), y falta de apoyo familiar. No es sorprendente que cuando los padres adquieren hábitos peligrosos, los hijos tengan una gran probabilidad de hacerlo a la vez.

3. Clima escolar negativo: Un vecindario de baja calidad, un bajo estatus socioeconómico y pocas (o ninguna) relación con adultos que no sean los padres también son factores de riesgo.

***Estrategias de ayuda para los padres:* Un vistazo al lado positivo**

Los investigadores sugieren que a pesar de que el estereotipo de la adolescencia es que es un período de "tormenta y estrés", los adolescentes tienden a mantener una relación muy cercana con sus familias durante ese tiempo .Para muchos, lo que en realidad ocurre durante la adolescencia es que las relaciones son renegociadas en lugar de rotas. Esto significa que mientras que ocurren cambios en las relaciones, la mayoría de los padres y los hijos continúan manteniendo una relación cercana a través de los años. Esta renegociación y transición en la relación padre-hijo es natural mientras el hijo crece y su capacidad de razonamiento, autodisciplina e independencia aumenta.

Mientras que los padres comienzan a experimentar

esta "renegociación", es importante recordar que los padres siguen siendo la relación más importante en las vidas de sus hijos. Y mientras que pueden levantarse conflictos y resistencia cuando los padres muestren preocupación o intenten castigar a sus hijos, ellos deberían saber que todo esto es parte de la progresión natural de las relaciones con sus hijos a medida que crecen.

Algunas estrategias parentales que pueden ayudarte:

1. **Escucha a tu hijo.** Lo más importante que un padre puede hacer para su hijo es

escucharlo. Los padres deben reconocer y respetar el valor de lo que sus hijos dicen. Demasiadas veces los padres ignoran o subestiman la presión que sus hijos sufren y los problemas a los que se enfrentan. Escuchar y valorar las ideas de los chicos es lo que promueve la habilidad de los padres de comunicarse con ellos, darles consejo e intentar corregir la situación. A veces todo lo que un adolescente necesita es que sus padres le escuchen o estén ahí para él. Es esencial que los jóvenes entiendan que se les está escuchando.

2. **Actúa en momentos donde puedas enseñar.** Hablar con adolescentes no tiene por qué ser siempre en conversaciones serias planificadas. Los momentos en los que puedes enseñar algo son los mejores del día y pueden aparecer varias veces al día, sobre todo en el contexto de hacer tareas juntos como cocinar, conducir a casa o la cena. Temas como la muerte, el sexo o el abuso de sustancias pueden aparecer en cualquier momento. Aprovecha estas ocasiones, aunque duren sólo 30 segundos. Los padres que conocen y sienten

cuándo un joven necesita hablar tenderán a buscar estos momentos. Son más importantes a largo plazo que una larga charla.

3. **Comunica claramente las expectativas.** Es esencial que los padres den a sus hijos un fuerte sentido de los valores. Ésta es una de las tareas fundamentales de ser un padre. Los adolescentes no pueden leer las mentes de sus padres, así que es importante que los padres comuniquen claramente a sus hijos cuáles son sus expectaciones con lo que respecta a valores y comportamientos. De nuevo busca esos "momentos de enseñanza". Por ejemplo, uno de esos momentos es cuando conducen con su hijo. No sólo tiene el padre una atención clara, sino que pueden evitar la necesidad de contacto casual, lo que puede hacer a su hijo sentirse más cómodo.

4. **Céntrate en lo que es importante.** La adolescencia es un tiempo de búsqueda de identidad y de experimentar diferentes roles. Esto puede ser irritante y molesto para los padres. Pero por duro que parezca ver, es una forma de que sus hijos aprendan a valerse por sí

mismos sin tener que consultar a sus padres acerca de cada decisión.

5. *El principio de la orientación: No exageres cosas que son reversibles o que no amenazan directamente la seguridad de tu hijo o de otra persona.* Esto incluye cabello sucio, una habitación desordenada, pantalones rotos, etcétera. Los padres deberían guardarse su preocupación y la acción para la seguridad. La seguridad es un asunto no negociable. Las reglas de seguridad deben ser especificadas con toda claridad.

6. **Prepárate para ser impopular.** Los padres necesitan aceptar que habrá ocasiones en las que los adolescentes no estarán de acuerdo con ellos e incluso harán como si sus padres dejasen de gustar.es Es esencial recordar que ser un padre (y no un amigo) es el rol principal. Es importante resistir la tentación de caer en su favor.

7. **Evita discusiones inútiles.** Esto no significa que los padres deban evitar la confrontación. Discusiones inútiles son

aquéllas que simplemente alimentan la hostilidad pero no tienen un propósito real. Es importante para los padres recordar lo siguiente:

a. No te sientas obligado a juzgar todo lo que tu hijo dice. Los padres y los hijos deben ser capaces de estar de acuerdo o no.

b. Evita razonar con alguien que está molesto, es inútil. Es mejor esperar a que se calme antes de arreglar problemas.

c. Los padres no deben intentar verbalmente que sus hijos pierdan algún sentimiento. Los jóvenes tienen derecho a estar molestos, enfadados o decepcionados. Los padres pueden reconocer la reacción de su hijo sin condonarla. Este tipo de respuesta suele calmar el enfado.

d. Los padres no deberían permitir que los desacuerdos les impidan hablar con sus hijos. Los estudios demuestran que los padres que hablan con sus hijos (desacuerden o no) tienen una relación más cercana que los padres que evitan las conversaciones.

8. **Sé respetuoso.** Los padres se ofenden si sus hijos los tratan de forma no respetuosa, pero tienen que tener cuidado de no hacerles a ellos lo mismo. *Ejemplo:* A un padre le disgustaría si su hijo usase lenguaje agresivo. Quizá deban asegurarse de que no se lo han enseñado ellos.

9. **Ayuda a los adolescentes a aprender de la experiencia.** Sin importar cuánto intenten proteger los padres a sus hijos de ciertos comportamientos, no pueden vigilarlos 24 horas al día cada día o protegerles de todo riesgo. Si llegan consecuencias negativas, los padres deberían usarlas para ayudarles a aprender de la experiencia. A veces, enfrentarse a las consecuencias de sus propias acciones sirve mucho mejor que cualquier lección o discusión.

10. **Anímale a participar en actividades positivas.** Una forma muy efectiva de desanimarle a participar en comportamientos negativos es animándole a participar en actividades positivas. Si los jóvenes desarrollan un sentido de competitividad en determinadas

actividades aceptables, se sentirán valiosos y aceptados. Al sentirse competentes, los jóvenes se divertirán más y reducirán el estrés. Los padres han de ayudar a los hijos a encontrar estas oportunidades. Por ejemplo, buscar trabajo de voluntariado y desarrollar una red de apoyo con familia y amigos para eliminar comportamientos de alto riesgo.

11. **Ayuda a los jóvenes a tomar decisiones saludables.**

Los padres no pueden estar ahí todo el tiempo para ayudar a los jóvenes a tomar decisiones saludables. Es más importante, pues, que los padres se aseguren de que sus hijos son capaces de tomar dichas decisiones por su cuenta. Para ayudarles, debes ser honesto y hacerles examinar los beneficios y los costes de varios comportamientos. Por ejemplo, para fumar, los padres deben ponerse en ambos lados y mostrarle las consecuencias positivas (alguna gente lo encuentra agradable o incluso guay), pero en cambio puede deparar enfermedades, coste financiero u olores desagradables. Del mismo modo, al hablar de comportamientos sexuales, los jóvenes deben considerar los beneficios (como sentirse cercano a alguien y querer dar un paso adelante) pero también los inconvenientes (ETS, consecuencias emocionales, embarazos no deseados).

12. Los adolescentes son muy susceptibles al comportamiento de alto riesgo, así que los padres y otros adultos involucrados deben apoyar a los jóvenes mientras atraviesan este período manteniendo la comunicación abierta con dosis diarias de amor, bondad y dirección estructurada.

Conclusión

La adolescencia es un período único en la vida. Está lleno de cambios y desafíos, pero también crecimiento y oportunidades. Los adolescentes son especialmente susceptibles a los comportamientos de alto riesgo, así que los padres y otros adultos deben apoyar a los jóvenes mientras atraviesan el período.

El proceso que rodea a las actividades de alto riesgo puede ser complejo, y a veces no es suficiente decirle a un joven que "diga no" a estos comportamientos. La prevención de los mismos debe cubrir un amplio rango de materias que los adolescentes conocen para ser lo más efectiva posible. Los padres y las comunidades deben abarcar tópicos como la violencia doméstica, la pobreza, las enfermedades psicológicas, la falta de habilidades sociales, déficits de aprendizaje y el desarrollo disfuncional que puede estar asociado con esos comportamientos. Los padres deben expresar sus expectativas claramente, y deben equipar a los jóvenes con lo necesario para medir riesgos, ser asertivos, y tener la autoestima y la resistencia para aguantar presiones externas que puedan empujarles a comportamientos que lleven a resultados negativos.

Capítulo 6:

Acerca de Aspire

"Una vida construida en el triunfo, en la victoria y en los méritos es la respuesta a conseguir nuestra meta definitiva. No importa cuál sea el objetivo, si quieres ganar un millón de dólares o simplemente levantarte cada mañana agradecido de estar vivo y agradecido de lo que conseguiste ayer."

—Brenda Lane-Oliver

Nuestra visión

Todos tenemos nuestra idea de cómo educar a los jóvenes en nuestra comunidad y cómo los preparamos para el futuro.

Cada joven tiene sus propios dones únicos, y es a través de la educación, experiencias y guía que estos talentos salgan a la luz.

Hoy, como otras veces en la historia, nuestro mundo necesita un nuevo tipo de liderazgo. Nuestros jóvenes son los líderes del futuro, y el tipo de líder en el que se conviertan está muy relacionado con sus años de desarrollo y ligado a sus elecciones, valores y principios. Para tener el cambio necesario para una nación productiva, un futuro líder debe alzarse por y demostrar fuertes valores éticos y morales, unidos a compasión y sabiduría. Los principios fundamentales en los que esta nación se ha construido se desmoronan, y sin acción inmediata a la necesidad de reestablecer una fuerte y resoluta importancia a la comunidad, la familia y la libertad, así como la preocupación por otros, continuaremos en esta espiral descendente. Los líderes que emularán los rasgos de personalidad de los hombres con estos principios deben ser nuestro objetivo. Como padres, líderes y políticos, necesitamos desesperadamente líderes con sabiduría, integridad, compasión y buenas capacidades de decisión.

Y yo os digo: Pedid, y se os dará; buscad, y hallaréis; llamad, y se os abrirá.

-Lucas 11:9

ASPIRE te proporciona un proceso fácil de seguir que atraviesa el ruido de tu vida. Comenzarás a ver con rapidez una imagen de ti mismo que irradiará autoconfianza y éxito. Con tu nueva visión, serás capaz de ver la conexión entre pensamientos, comportamiento y acciones, y de tomar decisiones que sean buenas para ti, al igual que de establecer objetivos buenos para ti.

Comenzarás a tener una mejor idea de qué quieres hacer con tu vida, de todo lo que necesitas para ser feliz, un hombre de éxito. Es verdad, ASPIRE puede ayudarte a adquirir la confianza y los rasgos del líder que requieres para trazar tu propio camino a la excelencia.

En un par de sesiones serás capaz de notar tus ventajas, talentos y habilidades, así como aprender a usarlas para llegar a la excelencia. Tomarás decisiones que te abrirán puertas en lugar de cerrarlas, y cuando lo hagas, la forma en la que te enfrentas a los desafíos en la escuela, en la universidad y en tu vida producirá increíbles resultados.

Aspira a la grandeza - Desarrollo juvenil

Diseñado para chicos entres los 12 y los 22 años de edad.

Ser un adolescente significa estar constantemente

dándote cuenta de quién eres, de las cosas en las que eres bueno, y de lo que quieres hacer con tu vida. Cada día brinda nuevos desafíos. Cómo respondas a ellos marcará la diferencia entre el éxito y el fracaso en el instituto, en la universidad y más allá.

- Creas tu futuro planeando con antelación "Si no haces un plan, planeas el fracaso."
- Descubre cosas de ti que no sabías.
- Te ayudaremos a realizar la conexión con tus sueños desarrollando un plan de acción que tenga en cuenta tus intereses y tus talentos.

De niño a hombre: hazlo una transición suave

ASPIRE te guía en el proceso, tendiendo un puente sobre dónde estás y dónde quieres estar en esta etapa de tu vida. Te ayudamos a desarrollar rasgos de líder, tomar mejores decisiones y ponerte por delante del resto. Al juntar las piezas, serás capaz de liberar el potencial que tienes dentro.

Conocerás al verdadero tú. Simplemente te guiaremos durante el proceso de descubrimiento, para que puedas colocar las metas adecuadas para un alto nivel académico, para el éxito y para la felicidad. El éxito está muy relacionado con la pasión, así que empecemos. Mira en nuestra página web para averiguar qué podemos hacer por ti.

Cuando creas que algo de ayuda puede ser la clave, contacta con nosotros, estamos aquí para ayudarte a asegurar el éxito. **www.aspireexcellence.com**

¿Estás alcanzando tu pleno potencial? Puedes con ASPIRE.

Consultorio juvenil privado

Ofrecemos sesiones privadas para hombres jóvenes:

- Consigue tus metas con absoluta confianza.
- Crea la vida que imaginaste para ti.
- Experimenta el éxito y disfruta del proceso.
- Conoce lo que se necesita para ser un líder de éxito.

Los atletas siempre han tenido entrenadores que los pusieran en el camino a la excelencia. Ahora tienes a alguien dedicado a tu éxito en Aspire. No esperes hasta que sea obvio que necesitas ayuda, ponte en la cima y mantén tu posición. Ésta es tu vida y la competencia quiere verte fuera de juego.

Un líder de éxito no nace, se desarrollan siendo conscientes de quiénes son y tomando buenas decisiones cuando la situación se presenta.

Qué hacemos

Cuando trabajamos contigo, desarrollamos un compañerismo basado en confianza y respeto. Con nuestra ayuda, cerrarás el vacío entre expectativas y realidad. Te ayudaremos a desarrollar tu autoconfianza, autoestima y tu capacidad de tomar decisiones.

A través de un proceso creativo que apela al pensamiento, tomarás pasos positivos para sentirte bien contigo mismo, con tus roles, y atravesar una transición de autoactualización, que conecta el comportamiento, las acciones y los pensamientos. Como tus pensamientos controlan tu comportamiento, debes controlarlos para conseguir lo que deseas. ¿Están tus percepciones del mundo alineadas con la realidad, con quien eres y con lo que quieres conseguir? Nosotros hacemos que sea así.

Nuestras sesiones de desarrollo juvenil consisten en guiarte para crear la vida que quieres hoy. Una vida que asegura que tus percepciones, comportamiento y acciones estén en el camino a la excelencia, que tienes la autoconfianza para alcanzar las metas que te propongas.

Sabemos que nuestras sesiones no son para todos, sino para aquéllos que preferirían liderar antes que seguir. Te entendemos, y te apoyamos al 100%.

Las sesiones personalizadas y privadas consisten de una combinación de los siguientes tópicos:

Etiqueta social

- Príncipe encantador. ¡En serio! Ser un caballero.
- Confianza social
- Mejorar las comunicaciones parentales.
- Familia y autoridad moral.
- Respeto, tenerlo y recibirlo
- Presión de los medios y los amigos

Estudios/carrera

- Entrevistas laborales
- Automotivación y procrastinación
- Mezclar la escuela, los deportes y la vida social.
- Los obstáculos no tienen por qué entorpecer tu progreso.
- Habilidades de liderazgo y colocación de metas.

Autoconocimiento

- Conocer tus principios y valores.

- Encontrar tus auténticos intereses y tus talentos.
- Comportamiento y decisiones.
- Confianza y autoestima.
- Percepciones y realidad.

Ofrecemos sesiones de dos semanas a tu elección. Sugerimos que todos los estudiantes tomen las dos primeras sesiones de autoconocimiento y luego añadan una o más de los otros temas.

Las sesiones de liderazgo individuales de ASPIRE están personalizadas a tus necesidades y metas. Durante cada sesión encontrarás tus talentos, conectarás con tus pasiones, y comenzarás a moverte cómodamente, así como con lógica y confianza durante la transición a la adultez. Adquirirás un sentido de control con menos sentimientos de ambivalencia y un mayor nivel de autoestima.

Durante tus sesiones reconocerás tu propósito, pasiones, acordarás tus metas con tus estrategias, asegurándote de que tus percepciones y credos son realistas para la vida que quieres. Entenderás por qué actúas, piensas y sientes como lo haces, y tomarás pasos realistas para crear el resultado que quieras que te espere.

Comienza tu nueva vida hoy. ¡Tu futuro empieza ahora! Contacta con nosotros para acordar una cita que te ponga en el camino a la excelencia. Tu vida es lo que hagas de ella. Para empezar el camino a la excelencia, visita nuestra web: www.aspireexcellence.com.

Programa de desarrollo grupal juvenil

- De niños a hombres: Un poco de ayuda marca la diferencia.
- Desarrolla las características de un líder de éxito.
- Tu pasado no tiene por qué determinar tu futuro.
- Aspira a la excelencia.

Los jóvenes se enfrentan a continuas oleadas de desafíos en sus años de preadolescencia y adolescencia. El apoyo y la dirección mientras atraviesan la transición de la niñez a la madurez pueden ser muy beneficiosos. Incluso aunque proyecten confianza y autosuficiencia, en lo más profundo suelen vivir sin sentido de la orientación. Podemos ayudarles a ponerse en camino en un ambiente competitivo. Les ayudaremos a llegar al éxito, evaluando sus percepciones, su comportamiento, sus acciones y valorando si están consiguiendo lo que desean.

Los adolescentes necesitan nuestro apoyo

Algunas de nuestras necesidades más básicas son las que responden a la pertenencia, al amor y al poder. Pero, ¿Cómo las adquirimos constructivamente? ASPIRE te enseña cómo. Desafortunadamente, sin una clara dirección, puedes confundirte, ser guiado erróneamente o perder la motivación para alcanzar tu máximo potencial. Puede tomarle a un hombre años recuperarse de un acto arriesgado e inconsciente. Podemos devolverle al camino. En estos casos, mientras antes contactes, mayores serán tus posibilidades de éxito.

Con más de seis años de trabajo con más de 200 jóvenes, hemos desarrollado un programa de cuatro sesiones bien probadas para guiar a los jóvenes en la dirección que lleva al mayor éxito y se centra en los logros, la motivación y la autoestima. ASPIRE ha encontrado la forma.

Nuestras sesiones grupales están diseñadas para jóvenes con edades comprendidas entre los 11 y los 16. Con nuestra tutela, los jóvenes aprenderán a usar estrategias probadas para descubrir su verdadero propósito en la vida. Comenzarán a provocar el autodescubrimiento y conseguirán autoconfianza mediante ejercicios que inspirarán autoactualización. Cuando completen el programa, tendrán las herramientas para mantenerse en el camino al éxito, así como conducir su porvenir con confianza hoy y en el futuro.

> **"Los grandes líderes son casi siempre grandes simplificadores, que pueden atravesar discusiones, debates y dudas para ofrecer una solución que todo el mundo entienda."**
>
> **— General Colin Powell**

Tú eliges el diseño del programa

Las sesiones consisten en una combinación de los siguientes temas:

Etiqueta social

- Príncipe encantador. ¡En serio! Ser un caballero.
- Confianza social
- Mejorar las comunicaciones parentales.
- Familia y autoridad moral.
- Respeto, tenerlo y recibirlo
- Presión de los medios y los amigos

Estudios/carrera

- Entrevistas de trabajos

- Automotivación y procrastinación

- Mezclar la escuela, los deportes y la vida social.

- Los obstáculos no tienen por qué entorpecer tu progreso.

- Habilidades de liderazgo y colocación de metas.

Autoconocimiento

- Conocer tus principios y valores.

- Encontrar tus auténticos intereses y tus talentos.

- Comportamiento y decisiones.
- Confianza y autoestima.

Ofrecemos sesiones de cuatro a seis semanas que puedes diseñar, y donde puedes incluir temas adicionales. Sugerimos que todos los estudiantes empiecen con dos temas autoconocimiento y después añadan otros.

Las sesiones de liderazgo individuales de ASPIRE están personalizadas a tus necesidades y metas. Durante cada sesión encontrarás tus talentos, conectarás con tus pasiones, y comenzarás a moverte cómodamente, así como con lógica y confianza durante la transición a la adultez. Adquirirás un sentido de control con menos sentimientos de ambivalencia y un mayor nivel de autoestima.

Durante tus sesiones reconocerás tu propósito, pasiones, acordarás tus metas con tus estrategias, asegurándote de que tus percepciones y credos son realistas para la vida que quieres. Entenderás por qué actúas, piensas y sientes como lo haces, y tomarás pasos realistas para crear el resultado que quieras que te espere.

Tienes la opción de tener un programa grupal de cuatro semanas o de ocho semanas. Ambas opciones están estructuradas para ayudar a cada participante a descubrir su camino hacia la excelencia, sus elecciones y sus consecuencias, y cómo sus intereses y talentos les dan la llave al éxito.

Empieza a cambiar vidas hoy

A través de las sesiones ofrecidas por ASPIRE, cambiamos vidas y creamos historias de éxito. Contáctanos hoy para aprender más acerca de nuestros programas de desarrollo juvenil. Puedes acordar una cita tanto por teléfono como por Skype.

www.aspireexcellence.com

Sobre el autor

Yvette Long

Mi pasión

Como presidente de ASPIRE, he dedicado mi vida y mi carrera a usar mi entrenamiento, sabiduría y experiencia a ayudar a los jóvenes a adquirir un rol de líder en sus vidas y a ayudarles a desarrollar la autoconfianza necesaria para hacer sus sueños realidad.

La auténtica alegría y la felicidad residen en la capacidad de alcanzar el nivel de éxito que uno espera y manteniendo un balance saludable. El programa de ASPIRE puede ayudar a los jóvenes a vivir una vida feliz, satisfactoria y significativa, disfrutar sus años escolares con un sentimiento de tranquilidad y sabiendo que están en EL CAMINO A LA EXCELENCIA. Veo a muchos jóvenes son sobreestrés que no entienden cómo pueden impactar al mundo de forma positiva.

Mi experiencia

He sido muy afortunada al tener diferentes y exitosas carreras. Más de 15 años en la industria del entretenimiento y varios años como oradora, motivando a los jóvenes a perseguir sus sueños. En la actualidad tengo certificados de enseñanza, psicología y ayuda estudiantil. He dedicado años a desarrollar programas que ayuden a jóvenes a desarrollar su potencial para obtener grandes logros y tomar decisiones que cambien sus vidas.

Además de ser la Presidenta de ASPIRE, soy Directora Ejecutiva de PLATINUM MINDS (una organización no lucrativa para el desarrollo del liderazgo en jóvenes, donde he influenciado positivamente las vidas de más de 200 jóvenes, guiándoles desde octavo grado hasta la graduación del instituto)

He tenido experiencias desde Beverly Hills hasta Nueva York y he conocido y socializado con los ricos y famosos, así que puedo decir de primera mano que puedes conseguir cualquier cosa que te propongas. Además, la vida puede desencaminar hasta al chico más brillante. ASPIRE ayuda a los jóvenes a mantenerse centrados, suavizando hasta el más difícil de los caminos conocidos. No asumas riesgos con tu futuro.

Cuando el futuro de tu hijo penda de un hilo, no asumas riesgos innecesarios. Contáctanos a través de nuestra web y ayudaremos a tu hijo a prepararse para una vida llena de éxitos.

❧ ——————— ❧

Visita nuestra web para aprender más acerca de cómo puedes ayudar a tu hijo adolescente a soportar las presiones asociadas con ser un adolescente y convertirse en un adulto feliz con buena capacidad de liderazgo y de toma de decisiones.

www.aspireexcellence.com

www.ingramcontent.com/pod-product-compliance
Lightning Source LLC
Chambersburg PA
CBHW060118050426
42448CB00010B/1927